Juntos, Somos
INVENCIBLES

Por Jenny Dearinger

Inspirado por la entrenadora de vida Juanetta White

Traducio por Genisis Tirado Bockman

Dedicación

Quisiera agradecer a la persona que inspiró esta historia, Juanetta White. Como entrenadora de vida, Juanetta busca energizar y motivar. Ella seguramente me ha empoderado a ayudar a que los niños entiendan que su futuro no está predeterminado, que ellos tienen el poder de no solo ser individuales exitosos, pero también que trabajando juntos pueden cambiar el mundo. Gracias, Sra. White.

Unidad es fuerza.

Cuando hay trabajo en equipo y colaboración, cosas maravillosas pueden ser alcanzadas.

-Mattie Stepanek

Cuando estoy solo, soy dueño de

mi mundo.

Yo soy inteligente.

Yo soy seguro de mi mismo.

Yo soy valioso.

Mi voz es importante.

Mi presencia es importante.

Nada y nadie pueden

Cambiar el hecho

Que yo soy importante.

Cuando estoy solo, soy dueño de
mi mundo.

Yo soy inteligente.

Yo soy seguro de mi mismo.

Yo soy valioso.

Mi voz es importante.

Mi presencia es importante.

Nada y nadie pueden

Cambiar el hecho

Que yo soy importante.

Cuando estoy solo, soy dueño de

mi mundo.

Yo soy inteligente.

Yo soy seguro de mi mismo.

Yo soy valioso.

Mi voz es importante.

Mi presencia es importante.

Nada y nadie pueden

Cambiar el hecho

Que yo soy importante.

Pero.....

Cuando estoy contigo,

NOSOTROS somos dueños del

UNIVERSO!

Nosotros somos inteligentes.

Nosotros somos listos.

Nosotros somos valiosos.

**Nada y nadie pueden cambiar
el hecho que nosotros somos mas
fuertes

juntos.**

Juntos,

Nuestras voces

son más altas.

Juntos,
Podemos hacer
Una Diferencia.

Juntos,
Somos
INVENCIBLES.

www.ingramcontent.com/pod-product-compliance
Lightning Source LLC
Chambersburg PA
CBHW060840270326
41933CB00002B/154